AF454554

DECLARATION

DV ROY, PORTANT QVE
les Presidens, Conseillers, Aduocats &
Procureur General de sa Majesté en la
Cour des Aydes de Paris, qui auront esté
examinez & receus en icelle, serõt admis
au Parlement de Paris aux Offices dont
ils seront pourueus en iceluy, mesmes és
charges de Maistres des Requestes ordinaires de l'Hostel, tout ainsi que les Officiers des autres Parlemens.

Verifiée en Parlement le 20. Decembre
mil six cens trente-cinq.

A PARIS,
Par P. METTAYER. A. ESTIENE,
& P. ROCOLET, Imprimeurs
ordinaires du Roy.

M. DC. XXXVI.
Auec Priuilege de sa Majesté.

LOVIS par la grace de Dieu Roy de France & de Nauarre, A nos amez & feaux Conseillers les Gens tenás nostre Cour de Parlement à Paris, Salut. Nos amez & feaux les Presidens, Conseillers, Aduocats & Procureur General de nostre Cour des Aydes à Paris, Nous ont fait remonstrer, Que dés le regne du Roy Iean, par deux de ses Ordonnances, l'vne faite vn an auát sa prison en l'Assemblée des Estats à Paris le 28. Decembre 1355. sur l'establissement des Aydes, pour l'entretenement des guerres: & des Eleus & Receueurs en chacun Diocese, pour le gouuernement desdites Aydes : l'autre faite en son Grand Conseil à Paris les 18. & 24. Decembre 1360. sur la maniere

de leuer & regler lesdites Aydes ordó-
nées pour sa deliurance & entretenement desdites guerres : Ladite Cour
des Aydes auroit esté instituée & establie pour resider à Paris, au nombre &
en la qualité de neuf Generaux Conseillers sur le fait desdites Aydes , pour
iuger en dernier ressort comme Arrest
du Parlement, & sans qu'on en peust
appeller : Et de fait , delors plusieurs
Edicts , Declarations & autres Lettres
Patétes furent addressées à ladite Cour,
pour estre par elle publiées , verifiées &
registrées en qualité de Cour souueraine, comme il se void par les Registres
d'icelle, & en nos Ordonnances, sous
le tiltre des droicts de Resue , Haut-
passage & Imposition foraine, qui furent reglées enuiron le mesme temps:
Et par Ordonnance & Declaration du
Roy Charles V I. données à Paris le
8. Mars 1396. les amendes des appella-

tions releuées des Eleus & de leurs Cómis en ladite Cour, furét reglées à l'inſtar de celles du Parlement : Et depuis par autre Ordonnance du meſme Roy, faite ſur l'Aſſemblée des trois Eſtats tenus à Paris au mois de May 1413. ſur la reformation des Offices & abus du Royaume, publiée par ledit Seigneur Roy en ſon lict de Iuſtice au Parlemét, ladite Cour des Aydes auroit eſté conſeruée en ſa ſouueraineté, auec ces mots (comme noſtre Cour de Parlement) au nombre de quatre Generaux, trois Cóſeillers & vn Preſident, leſquels Generaux & Conſeillers furent incontinent apres vnis & augmentez cóme auparauant : Et apres les guerres des Anglois & Bourguignós appaiſées, le Roy Charles VII. ordonna par ſes Lettres Patentes données à Iſſoudun le 6. Nouembre 1436. publiées à la feneſtre de la Sale du Palais à Paris, de l'ordonnance de la

dite Cour de Parlement, le 29. dudit
mois de Nouembre ; Que les Cours
tant du Parlement que des Generaux
des Aydes, qui auoient esté transferées à
Poictiers, comme aussi les Chambres
des Comptes & des Monnoyes transferées à Bourges, seroient remises & re-
stablies à Paris aux mesmes lieux où elles estoient auparauant : Peu apres le-
quel temps , fut erigée vne seconde
Cour des Aydes à Montpelier pour le
Languedoc , à l'instar de celle de Paris,
par Lettres Patentes du 20. Auril 1437.
sept ans auparauant la creation du Parlement de Thoulouse, qui n'est que de
l'an 1444. Ce qui fait cognoistre, que
ladite Cour des Aydes de Paris a esté
establie, & continuellemét recogneuë
apres le Parlement de Paris, pour Cour
souueraine, seule & vniuerselle en Frá-
ce pour lesdites Aydes, pres de cent ans
auparauát le Parlement de Thoulouse,

qui est le second Parlement du Royaume : Et mesme, que quád les Roys nos
predecesseurs ont voulu regler l'examé
des Conseillers de nos Parlemés par les
Ordonnances 1546. 47. & 48. ils ont
ordonné pareillement par autre Ordonnance expresse & particuliere, donnée à Fontainebleau au mois de Iuin de
l'année suiuante en 549. Que les Conseillers de la Cour des Aydes de Paris,
seroient interrogez, & subiroient pareil examen sur la loy donnée à l'ouuerture du liure, que ceux des Parlemens,
attendu, dit ladite ordonnance, qu'elle
est Cour souueraine, & iuge en dernier
ressort de toutes les causes dont la co-
gnoissance luy est attribuée, & de si
long temps, qu'il n'est memoire du có-
traire : ce qui est aussi remarqué par autre Ordonnance precedente du Roy
Louis X I I. donnée à Lyon le 24. Iuin
1500. E T toutefois pourroit arriuer,

que quand aucuns du corps de noſtredite Cour des Aydes, ſeroient pourueus
d'Offices en noſtredite Cour de Parlement de Paris, que noſtredite Cour de
Parlement feroit difficulté de les receuoir ſans nouuel examen, non ſous autre pretexte, vray ſemblablement que
du petit nombre dont ladite Cour des
Aydes eſtoit compoſée auant l'Edict de
creation d'vne ſeconde Chambre en
ladite Cour, & de ce que les Officiers
d'icelle n'eſtoient interrogez ſur la loy
donnée à l'ouuerture du liure auparauant ladite Ordonnance de l'an 1549.
qui les a reduits & abſtraints à pareil
examen que ceux de noſtredit Parlement de Paris, & autres Parlemens de
noſtre Royaume. Ce qui ne ſe doit
pratiquer à l'égard des Officiers de ladite Cour des Aydes, attendu les Ordonnances cy deſſus, & particuliere-
ment celle de l'an 1549. & de l'erectió
d'vne

d'vne seconde Chambre de l'an 1551.
puis qu'aussi il ne se pratique pas à l'é-
gard des Officiers des Parlemens esta-
blis long-temps depuis ladite Cour des
Aydes de Paris, & qui ne sont tous, en
guere plus grand nombre: A CES CAV-
SES, considerant l'ancien establissement de ladite Cour des Aydes, imme-
diatement apres celuy de nostre Cour
de Parlement de Paris, & pres de cent
ans auant l'establissement du Parlemét
de Thoulouze, & des autres Parlemens & Cours Souueraines: Et que l'e-
xamen des Conseillers d'icelle Cour
des Aydes, se fait en pareille forme &
auec mesme rigueur, que celuy de nos-
dits Parlemens, mesmes des plus ri-
goureux en la forme desdits examens:
Et que par l'Edict de creation d'vne
seconde Chambre en ladite Cour des
Aydes de l'an 1551. verifiée en nostredit
Parlement de Paris, l'an suiuant 1552.

& plufieurs autres Edicts fubfequens,
par lefquels le nombre des Confeillers
de ladite Cour, a eſté tellement aug-
menté, qu'il ſe peut dire, que l'examen
qui s'y fait des Officiers d'icelle à leur
reception, n'eſt moins exact & rigou-
reux, que celuy qui ſe fait aux autres
Parlemès, qui ſont de poſterieure creation, & auſquels le nombre des Iuges
n'eſt pas plus grand: Novs DE L'ADVIS
de noſtre Conſeil, auquel les Edicts,
Declarations & Ordonnances ſuſdites,
ont eſté veuës & meurement conſide-
rées, AVONS de nos certaine ſcience,
plaine puiſſance & authorité Royale,
voulu, ſtatué & ordonné, & par ces
preſentes ſignées de noſtre main, ordonnons, ſtatuons, voulons & nous
plaiſt, Que les Preſidens, Conſeillers,
Aduocats & Procureur General de noſtredite Cour des Aydes de Paris, qui auront eſté examinez & receus ſuiuant

ditnos Ordonnances ſuſes , puiſſent
eſtre admis & receus en noſtredite
Cour de Parlement de Paris, quand ils
ſeront pourueus d'aucuns Offices d'i-
celle : & meſme de ceux de Maiſtres des
Requeſtes ordinaires de noſtre Hoſtel,
tout ainſi que les Conſeillers & Officiers de nos autres Cours de Parlemés,
ſans eſtre tenus de ſubir nouuel examé:
Pourueu toutefois qu'ils ayent ſeruy
l'eſpace de ſix ans entiers en ladite Cour
des Aydes , ſuiuant le reglement par
nous fait & obſerué en noſtredite Cour
de Parlement de Paris pour le regard
deſdits Offices de Maiſtres des Requeſtes ſeulement. SI VOVS MANDONS,
ordonnons & tres-expreſſement en-
joignons, que cette preſente noſtre Ordonnance & Declaration , vous ayez à
faire lire, publier & regiſtrer, & du contenu en icelle, faire iouïr les Officiers de
noſtredite Cour des Aydes ſelon ſa for-

me & teneur, nonobſtant tous Edicts,
Arreſts & Reglemens & pretendus v-
ſages à ce contraires, auſquels nous
auons dérogé & dérogeons entant que
beſoin ſeroit par ceſdites preſentes ſignées de noſtre main : C A R tel eſt noſtre plaiſir. D O N N É à Paris le vingt-
ſeptiéme iour d'Auril, l'an de grace mil
ſix cens vingt-ſept, & de noſtre regne,
le dix-ſeptiéme. Signé, L O V I S. Et plus
bas, Par le Roy, DE LOMENIE. Et ſeellée
du grand ſeau de cire iaune ſur ſimple
queuë. Et à coſté eſt encor écrit:

Leuës , publiées & regiſtrées, Ouy ce
requerant & conſentant le Procureur Ge-
neral, Pour eſtre executées ſelon leur forme
et teneur, A Paris en Parlement le Roy
y ſeant, le vingtiéme iour de Decembre
mil ſix cens trente-cinq.

Signé,   Dv-Tillet.

LOVIS par la grace de Dieu Roy de France & de Nauarre, A nos amez & feaux Conſeillers les Gens tenans noſtre Cour de Parlement à Paris, Salut. PAR nos Lettres du 27. Auril 1627. nous auons voulu, ſtatué & ordonné, Que nos auſſi amez & feaux les Preſidens, Conſeillers, Aduocats & Procureur General de noſtre Cour des Aydes à Paris, & leurs ſucceſſeurs auſdites charges, qui auront eſté examinez & receus en icelle ſuiuát nos Ordonnances, puiſſent eſtre par vous admis & receus, quand ils ſeront pourueus d'aucuns Offices de noſtredit Parlement, & meſmes de ceux de Maiſtres des Requeſtes ordinaires de noſtre Hoſtel, tout ainſi que nos autres Conſeillers & Officiers de nos autres Parlemens : Mais pource que vous pourriez faire difficulté de receuoir noſdites Lettres, à cauſe qu'elles ſont à pre-

sent surannées, Nous vous mandons &
tres-expressémét enioignons, que nos-
dites Lettres cy attachées sous noftre
contrefeel, vous faites lire, publier & re-
giftrer, & de tout le contenu en icelles,
iouir & vfer lefdits Officiers de noftredi-
te Cour des Aydes paifiblemét, nonob-
ftant qu'elles foient surannées, dont de
noftre grace fpeciale, pleine puiffance &
authorité Royale, nous les auons rele-
uez & releuons par ces prefentes: C A R
tel eft noftre plaifir. Do n n e' à Paris le
quinziéme iour de Decembre, l'an de
grace mil fix cens trente-cinq, & de noftre regne, le vingt-fixiéme. Signé, Par
le Roy en fon Confeil, L O R M I E R. Et
feellées du grand Seau de cire iaune fur
fimple queuë. Et encor eft écrit:

Leuës , publiées et regiftrées, Oüy ce
requerant et confentant le Procureur
General du Roy, A Paris en Parlement, le

Roy y seant, le vingtiéme iour de Decembre mil six cens trente-cinq.

Signé,   Dv-Tillet.

Collationné aux Originaux par moy
Conseiller Secretaire du Roy & de
ses Finances.

www.ingramcontent.com/pod-product-compliance
Lightning Source LLC
LaVergne TN
LVHW021625170726
843501LV00010B/4164